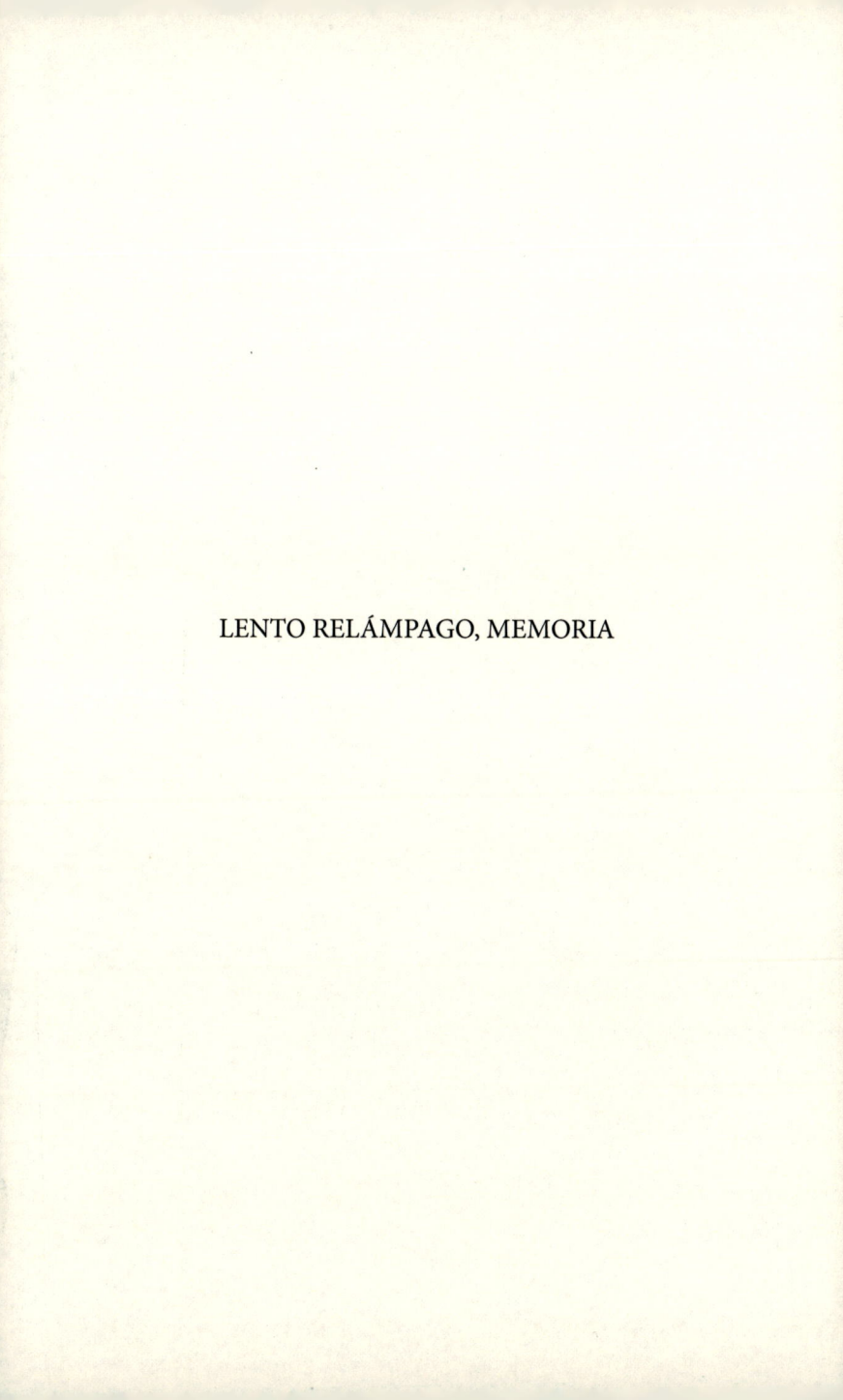

LENTO RELÁMPAGO, MEMORIA

LENTO RELÁMPAGO, MEMORIA
Antología poética 2013-2023

JUAN F. RIVERO

CAPITANES

COLECCIÓN DE POESÍA

8/10

Nautilus
EDICIONES

LENTO RELÁMPAGO, MEMORIA
Primera edición: abril 2024

© De los poemas: Juan F. Rivero
© De la fotografía del autor: Enrique Fuenteblanca
© Del diseño de cubierta y maquetación: Nautilus Ediciones
© De la selección de poetas y coordinación editorial: Samuel Trigueros
  Nautilus Ediciones
  nautilusedicioneshn@gmail.com

ISBN: 978-84-10241-18-3
Depósito Legal: Z 720-2024

Impreso en España, Unión Europea

Bajo el amparo de las leyes de derechos de autor, este libro o alguna de sus partes no podrán ser reproducidos por ningún medio sin el permiso por escrito de los titulares del copyright, excepto para fines de reseñas, tesis o citas, siempre que no sea con fines de lucro.

JUAN F. RIVERO
(Sevilla, España, 1991)

Es poeta y editor, con especialidad en clásicos literarios. Ha publicado los poemarios *Canícula* (2016; 2.º ed. revisada, 2019), *Las hogueras azules* (Candaya, 2020; premio Libro del Año del Gremio de Librerías de Madrid en la categoría de Poesía) y *Raíz dulce* (Candaya, 2024). Como traductor, ha publicado, entre otros, una selección de poemas de John Ashbery en *La escuela poética de Nueva York. Antología* (Alba, 2020) y *La semilla y el corazón* (Alba, 2022), antología general de la poesía japonesa preparada junto con Teresa Herrero. Sus poemas y traducciones también han aparecido en distintas revistas físicas y digitales, entre las que se encuentran *Turia*, *Qui-*

mera, Zenda, Casapaís, Caracol o *La Lectura de El Mundo*, así como en distintos proyectos colectivos como el blog *Tenían veinte años y estaban locos*, de Luna Miguel, el recital virtual #PoetaZetas (Instituto Cervantes de Estocolmo, 2021) o las antologías *Piel fina* (Maremágnum, 2019) y *La casa del poeta* (Trampa, 2021). De su poesía se han destacado aspectos como la originalidad temática y formal, la tendencia a la hibridación intergenérica o la concreción en el imaginismo, que lo sitúan en un espacio propio en la poesía contemporánea.

De *Canícula*
(2013-2016)

RUTINAS CEREBRALES

Rutinas cerebrales: input, output,
el moribundo dice ¿estás ahí?
Buscábamos a Helena
y la encontramos
sobreviviendo al peso de su imagen.

EL RUIDO DEL VIENTO

I

desolación invernal
en un mundo uniforme
el ruido del viento

Bashō

Vuelvo a la realidad, al derretirse de las hojas muertas, a la cajera de la tienda de alimentación que le grita al teléfono mientras me atiende: *apenas hierve luz debajo de los párpados.*   *

    Decir, decir amor sin larvas en la boca,
    decir ingenuidad como se dicen felación o espacio,
abrir la enfermedad a esta locura en ciernes, tan vaciada;
una sombra que vaga en busca de su útero.   *

    Volver.

    El peso de los líquenes doblega las paredes de mi cuarto. Al escribir evito la cascada.

II

nísperos silvestres
la madre come
la parte amarga

Issa

La mano que acaricia la memoria se detendrá al principio de esta frase.   Ven.

Ese vestido te queda precioso.   *

Tienes un moratón en la rodilla izquierda.

Me gusta aproximarme desde atrás, acariciarte el pelo, sentarme en el sillón y contemplar cómo sale la Historia del televisor y tiñe de cocina el rojo de los muebles.   Ven.

Ese vestido te queda precioso.   *

El moratón se ha convertido en un grafiti que de repente dice «gringos fuera», que de repente dice «Allahu Akbar» (frase que puede traducirse bien como «la tarde es un murmullo ciego de hojarasca»).   Ven.

Ese vestido te queda precioso.   *

La mano que acaricia la memoria vuelve a funcionar. Tienes los ojos claros como almendros blancos bajo la luz de un cielo en explosión continua.

III

mil pequeños peces blancos
como si hirviera
el color del agua

Raizan

Hablo con las hogueras de mi espejo, con las paredes blancas de aguantar miradas, con los pechos abiertos que al sangrar sirven de abono a los manjares fértiles; hablo con los vocablos de mi padre y las perseidas de este mes de agosto, con la espina dorsal de la historia de los seres humanos, despiezada y expuesta en las carnicerías.

Te hablo a ti:

si os apago los ojos, ¿podréis verme?,
*   *si os cierro los oídos, ¿escucharme?,*
si os amputo los brazos, ¿moveréis
el corazón como una mano abierta?

IV

vine y noté
que el bosque tiene dentro
calor de bosque

Chiyo

Abro los ojos fuera del cansancio y de la luz: la red persiste. Ayer yo era una niña con zapatos blancos que recorría las calles de Bangkok, Helena hija de Némesis, no Leda. Hoy arañarse es sin embargo símbolo: la herida como simple incontinencia de la forma que se derrumba en tanto que sonríe.   *

Las cosas duermen dentro de su claridad, siguen sin separarse de mi forma de mirarlas. He vuelto a despertarme en esta habitación; antes de levantarme volveré a arrancar los brotes de la noche en la almohada.

*

*

*

EL DÍA EN QUE PETR PAVLENSKY
SE COSIÓ LOS LABIOS

El día en que Petr Pavlensky se cosió los labios —un veintitrés de julio, 2012— tú y yo nos encerramos en una habitación de hotel. Ni siquiera miramos los teléfonos, así que no supimos nada del suceso hasta que algunas semanas más tarde, en una crónica sobre la detención de Pussy Riot, un periodista mencionó su nombre junto a la palabra «artista». Meses después, un tres de mayo, Pavlensky apareció desnudo y enredado en alambre de espino frente a las puertas de la Asamblea Legislativa de San Petersburgo, mientras nosotros, separados por 8542 kilómetros de asfalto, tierra y mar, hacíamos una videollamada por primera vez, y tú llorabas.

Esta mañana he leído que Petr Pavlensky se ha clavado los testículos al suelo de la plaza Roja de Moscú y ha estado una hora entera contemplándolos bajo la Rusia helada de noviembre. Tú me llamas de nuevo y me cuentas que a tu padre se le ha terminado el paro, pero que estás contenta porque el piso en el que vamos a vivir, cuando regrese, tiene una chimenea y vamos a poder usarla para cocinar.

Salgo al jardín y observo la agonía del otoño; el nuevo tatuaje escuece donde tengo el corazón.

No quiero saber nada de Petr Pavlensky.

PRIMERA POÉTICA

Desnaturalizar
toda belleza, articularla
en restos des-
iguales: deshacer,
reestablecer su hueco
y habitarla.

De *Las hogueras azules*
(2017-2020)

[NADIE HABITÓ JAMÁS]

Nadie habitó jamás
la transparencia
que esta polilla ha roto
al detenerse
                en el cristal.

[AMANECER]

Amanecer,
sobre la piel del mundo
una esfera incendiada.

[CEDEN LAS HOJAS]

Ceden las hojas,
no es suficiente
este huracán de luz.

[AÚN SIGO AQUÍ]

Aún sigo aquí,
oigo el vacío
de las horas perfectas.

[DEDOS DE LUZ MENUDA]

Dedos de luz menuda
entre los eucaliptos.
El agua verde
arrastra las palabras.
Invernal.

Son las últimas tardes de febrero.
Las cosas son tan bellas que se rompen.

[VIENE CON LUCES]

Viene con luces
de soberbia y olvido
la primavera.

[FUEGO DE JULIO]

Fuego de julio.
Las flores excesivas
de la adelfa
le han doblado las ramas otra vez.

[DONDE LA LUZ TERMINA]

Donde la luz termina
empieza lo no humano.

Los días son largos y las noches
aguardan en el centro de las piedras.

La ausencia de contornos se ha extendido
como una lengua larga de humedad.

Cuando es denso el calor,
al mediodía,
busco junto a los gatos
el frescor de las sombras

[ASCIENDO HASTA LAS CASAS]

Asciendo hasta las casas
donde acaba la aldea
y me siento a observar
la niebla de la tarde.

Una higuera tardía
deja llover sus frutos tras de mí.

No puedo predecir cuándo caerán los higos,
pero escucho el impacto
de su cuerpo en la yerba.

[FUE ESTE MISMO VERANO]

Fue este mismo verano:

en San Jacinto, el ficus macrophylla
con su sombra de especie;

en el Kasuga-taisha, los árboles kami,
las shimenawas blancas,
los turistas, los ciervos;

en Hendaya, abedules
claros como albas rectas;

en Sandia Peak, los pinos
contemplando el Río Grande,

y en la Alpujarra,
masa de plata al viento,
el castañar.

Fue este mismo calor.
Fue comiendo esta fruta ya madura.
Fue este mismo verano.

O no. Las cosas
que vivimos vinieron separadas
pero el tiempo las junta
                    como a células dóciles;

y qué más da, me digo.

                Qué

                      más

        da,

si el espacio es un músculo
que jamás se destensa
y hemos sido felices
mientras se extinguía todo;
bajo una sombra u otra,
separados o no.

HAIBUN

I

He pasado dos meses intentando describir
esta luz, los que en Madrid median entre
el final del invierno y el principio de la
primavera. Dos meses observando sus
cambios, sus gestos, su movimiento alegre
de animal que, al crecer, descubre un medio
para el cual su genoma ha soportado ya
centenares de siglos de violencia paciente,
de salvaje y precisa adaptación del cuerpo.

Todos los días atravieso hacia el este la
ciudad: tomo primero el metro y luego un
autobús hasta un lugar en que, en vez de
barrios chatos de hormigón y ladrillo, se han
elevado torres de cristal y cerámica. Allí los
edificios crecen separados entre sí, y se ve
el cielo, y es cuando la mano oblicua y roja
que disipa la primera claridad se extingue,
entre veinte y cuarenta minutos después de
amanecer, cuando surge la luz.

El autobús asciende sobre el lomo
edificado de una antigua colina, y luego
emprende su descenso en dirección al
sol. Entonces el color de los árboles recién

foliados adquiere el resplandor ligero de la fotosíntesis:

$$6CO_2 + 6H_2O + \text{energía} \rightarrow C_6H_{12}O_6 + 6O_2.$$

Mientras tanto, el vehículo atraviesa una larguísima calle en que también refulgen las fachadas de las torres; una riada de violetas, ocres y aguamarinas que se ve multiplicada por la azarosa proliferación de espejos habitados por oficinistas, de marquesinas rodeadas por los árboles que cada empresa elige para decorar espacios de recreo.

Allí la luz va dando grandes pasos que deslumbran y anegan a partes iguales. Es la pata sin masa de un mamífero cuya carrera es demasiado rauda para ser aprehendida y demasiado hermosa para no advertirse; un recuerdo diario de que, en contra de lo que mi generación se esfuerza en demostrar, el futuro era fértil y nos lleva en la boca, como una amiga me contó que hacen las hembras de los cocodrilos.

Finalmente, y tras tanto buscarlo, hoy he escrito el poema que esperaba:

> Oro y coral
> —siempre esta luz sin nombre
> en primavera—,
> tibieza viva,
> vidrio. Amanecer.

II

Nunca he creído en la inefabilidad. Poco antes de que mi abuela muriera de alzhéimer, habiendo ya perdido la capacidad de hablar pero lejos aún del silencio terrible de las fases últimas, cantaba. Lo recuerdo porque cantó todas las canciones que me cantó de niño, y aunque en aquel momento la experiencia pareciese arrancarme la palabra de cuajo, para ella, con los años, rebrotó, y la imaginé un cisne de memoria abrasada.

El lenguaje, en efecto, nos sirve. No da la medida del mundo —como tampoco otras cosas la dan—, pero permite que nos acerquemos a él con las manos comunes de la inteligencia y el conocimiento; enunciar las preguntas y acordar su solución: de ahí la belleza de la ciencia y la filosofía.

Ahora, ya a finales de abril, vuelvo a pensar en esta luz que se marchó con los restos del frío, y con ella en otras cosas que también me obligaron a esperarlas:

los agostos de parra y mirabeles
de O Rosal, en la antiquísima
casona en que mi padre
aprendió la memoria y no el olvido;
el diminuto escarabajo negro
que buscaba la sombra de mis botas
en White Sands;
las carreteras muertas
de República Sprska,
que iban dejando atrás
agujeros de obuses;

y, por último, ¿qué?: las horas de hospitales como astros para los que no hay verbos todavía. Y es que la vida me ha enseñado a ser paciente, a contemplar las cosas con la altitud del tiempo, su sintaxis madura, su razón, y a trabajar la lengua como un ala, acostumbrarla a desplegarse y a batir.

Por eso quise siempre hablar de lo difícil, de lo oscuro, lo bello, de las luces que escapan y los gestos que hieren.

POEMA PARA LOS TECHOS DE UNA CUEVA

Vosotros,

que en lo tierno y profundo
del futuro
aprendisteis de nuevo
a leer y a escribir,

recordad siempre:

no hay nada más hermoso
que ser frágil
en un mundo infinito.

POEMAS PARA UNA FUENTE

I

Al final del lenguaje, Enrique,
no encontré más que un río a medio helar
y, en la ribera oscura, una cabaña.

Es desde ella desde donde escribo
y pienso en ti. A veces tanto que
temo perderte.

II

Aquí
los objetos son toscos,
como en un videojuego en el que uno
se desvía del camino, avanza y da
con la pared de la simulación.

Cuando llueve
fosforecen fragmentos de relatos antiguos:
animales mojados, con las patas
y los lomos cubiertos de burbujas y flores.

III

La noche es larga
y Casiopea se hiela sobre el río
como una nadadora
atrapada en su salto: Caph$^{\beta}$,
Tsih$^{\gamma}$, Schedar$^{\alpha}$, Ksora$^{\delta}$ y Segin$^{\varepsilon}$.

* β

* γ

* α

* δ

* ε

Este es mi mundo, Enrique,
y mi cerebro
una planta en la cima de mis vértebras
que esperara serena al segador.

IV

La cabaña es pequeña
y no hace frío.

He soñado tus brazos y eran tantos
que llenaron el sueño hasta hacerlo estallar.

POEMA PARA UN *TOKO NO MA*

Un recuerdo de Tokio:
en las afueras,
el canto abrumador de las cigarras
y una pagoda verde envuelta en luz.

Donde acaba el jardín empieza el cementerio.
Los gatos callan y la lluvia cae.

Alguien ha puesto caperuzas rojas
sobre las cabecitas de los budas.

SEGUNDO POEMA PARA UN ABANICO

Qué bellísimo amor:
la alegre suavidad de denegarle el fruto,
de preservar la tersura en la risa y el cuerpo,
de dormir abrazados, solos,
sin la vida apremiando a la carne preciosa.

Hay algo hermoso y limpio en quemar estos días
como si fuesen torres de papel.

Algunos poemas dispersos
(2020-2023)

NACIMIENTO DEL RÍO

Con Ana Rocío y Enrique,
en La Pedriza

También en la frialdad del agua
entra la luz de otoño.

Cerca del nacimiento, la ribera,
llena de hojas
y de yerba encendida,
es un hogar.

En el silencio vivo de la tarde,
estamos juntos.

PEQUEÑO POEMA EN PREVISIÓN DE OLVIDO

Lluvia de otoño.
hay un espejo
en todo lo que vive.

PRIMER POEMA PARA EL REVERSO DE UNA FOTO

En el final del mundo,
un saltamontes
y la vasta, brillante masa azul.

(En Fisterra.)

SEGUNDO POEMA PARA EL REVERSO DE UNA FOTO

Plata del álamo,
recortada a la luz
de un cielo gris.

(En Ciudad Lineal.)

TERCER POEMA PARA EL REVERSO DE UNA FOTO

Frío de agosto.
La luz cruda del alba
sobre las vides.

(En O Rosal.)

CUARTO POEMA PARA EL REVERSO DE UNA FOTO

Tan joven,
y aun así es el primero
en florecer.

Ahora la luz se va
y el almendro —y las flores—
quedan a oscuras.

(En la Quinta de los Molinos.)

PINTADA

«En la memoria», dice, «nadie muere».

Está escrito en mayúsculas
casi al final del muro,
donde la piedra se abre
a otra calleja blanda y melancólica
del Albaicín,
              y sin embargo

—quizás dudando aún mientras se obligaba
a empuñar el bolígrafo y trazar
los veintiún caracteres
que componen la frase—

a la mano que ha escrito
le ha temblado la letra.

CRUELDAD

Sobre los restos
de la chabola
camina un mirlo.

De *Raíz dulce*
(2020-2023)

HISTORIA DE LA PÉRDIDA

Porque en la historia de la pérdida
está
        todo el que vive,

siembro esta planta a la luz de la nada
y la observo existir,

y me reflejo en ella
como en los ríos que crecen,

y mi cuerpo se colma,
como el suyo, de tiempo;

una columna mínima
de verdor suave,

ya entregada a la muerte, igual que todo,
pero naciente y viva.

             Y viva, al fin.

EL BOSQUE DEL DOLOR

Si en el inmenso bosque del dolor
naciese un árbol
sembrado en otra vida, hace ya mucho,
por mí,

si el implacable ascenso
a la memoria
se truncara y volviesen
los fantasmas que he sido,

si me fuera algún día
sin las palabras puestas
y aunque llamaseis no os supiese contestar,

recordad que hubo un tiempo
en el que fui feliz

y en que amé como un niño todas estas cosas
en su camino hacia la destrucción.

EL FUTURO

en el umbral de la estación del frío

Forough Farrojzad

Hay una ave traslúcida en el cielo.

Traza un círculo amplio
donde nadie la ve.

En el centro del círculo
nuestra memoria

crece concreta y dulce
hacia el futuro.

EL FUTURO, OTRA VEZ

en ese país las estaciones no existen

Marguerite Duras

Lento relámpago, raíz,
memoria clara,

¿hacia dónde creciste
en realidad?

Desde el centro del círculo
te elevaste hacia el cielo

y te hundiste en el sol.

Índice

Algunos poemas dispersos
(2020-2023)

De *Raíz dulce*
(2020-2023)

LENTO RELÁMPAGO, MEMORIA
de Juan F. Rivero
-8/10 de la Colección Capitanes 1-
se terminó de editar y maquetar
por Nautilus Ediciones
en Zaragoza, España,
en abril de 2024.